Cribinion

CRIBINION

gan

DAFYDD WYN JONES

GWASG Y BWTHYN

ⓗ Dafydd Wyn Jones 2009 ©
Gwasg y Bwthyn

Argraffiad cyntaf Awst 2009

ISBN: 978-1-904845-92-8

Mae'r cyhoeddwyr yn cydnabod cefnogaeth ariannol
Cyngor Llyfrau Cymru

Cyhoeddwyd ac argraffwyd yng Nghymru
gan Wasg y Bwthyn, Caernarfon

4

DIOLCHIADAU

- I Eurwen am ei hysbrydoliaeth a'i hannogaeth cyson.
- I'm teulu a ddangosodd ddiddordeb yn y gyfrol.
- I'r Meuryn, Gerallt Lloyd Owen am ei gyflwyniad.
- I William Arthur Williams am lun y clawr.
- I Geraint Lloyd Owen a Gwasg y Bwthyn am fentro cyhoeddi ac am eu gofal a glendid y gwaith.

i fy wyrion a'm wyresau –

Osian Rhys, Carwyn Hedd, Siôn Wyn,
Elin Mair, Eiri Angharad ac Owain Dafydd.

CYFLWYNIAD

Trwy'r ymryson yn y Babell Lên a Thalwrn y Beirdd ar y radio y deuthum i'n gyfarwydd â Dafydd Wyn Jones er fy mod yn gybyddus â'i enw a'i wyneb er 1961 pan welais ei gadeirio yn Eisteddfod Llanuwchllyn am ei awdl 'Gobaith' a gynhwysir yn y casgliad hwn. Honno (hyd yma o leiaf!) oedd ei unig gadair eisteddfodol am y rheswm syml na osododd ennill cadeiriau yn nod iddo'i hun. Eilio cân nid casglu coed aeth â bryd Dafydd Wyn. Ni raid ond cymryd un hir-a-thodiad o'r awdl honno i weld – neu'n hytrach glywed – ei feistriolaeth ar hen ddeall y Cymry:

> Deuair o brolog fydd cân y cogau
> I wib yr oenig ar ael y bryniau,
> Rhagymadrodd i stori'r gweirgloddiau
> A rhagarweiniaid i gyffro'r grynnau,
> Arwydd i fab yr erwau – y dychwel
> Glaw, haul ac awel i liwio'i gaeau.

Oddi ar 1979 buan y sylweddolais i wrth feurynna yn y Babell Lên a'r Talwrn radio nad peth doeth oedd herian Dafydd Wyn gan y byddai'n saff o'm llorio ag un ergyd. Dyna a ddigwyddodd mewn darllediad arbennig i ddathlu milfed rhaglen Talwrn y Beirdd. Yn ddiarwybod i mi fy hun, gosodais Englyn Beddargraff Meuryn yn dasg er fy mod, flynyddoedd ynghynt, wedi gosod yr un dasg pan oeddem yn dathlu'r pum canfed rhaglen. Meddai Dafydd am yr eildro:

> Ni welai grefft na delwedd; – gwael ei farc,
>   Gwelai fai'n ddiddiwedd,
>   A phwt gwan digynghanedd
>   A wna'r tro i farcio'i fedd.

Wrth gwrs, yn fy ffolineb, bu'n rhaid imi gael dweud fy mod yn cofio clywed yr englyn hwn o'r blaen. Amddiffyniad yr awdur oedd: "Roeddwn i'n meddwl ei fod yn dal yr un mor addas gan nad ydech **chi** wedi newid dim!" Tewi oedd orau. A thawaf eto gyda'r deyrnged hon:

> Mae rhai fel pe yma erioed, yn aros
> fel tirwedd eu maboed:
> rhyw hen rin i'r rheini a roed
> i wanwyno eu henoed.

> Nid dŵr ar herc trwy yr ynn a'r gwerni,
> nid rhyw gornant sydyn:
> yn dawel a diewyn
> Dyfi ddofn yw Dafydd Wyn.

> Diweniaith ymhlith dynion, agored
> ei wladgarwch cyson,
> un â Gwalia'n ei galon
> a'i Blaid yn wyneb y lôn.

> Derw oesol y dreser Gymreig yw,
> mor gywir ag Amser,
> yn syth fel goleuni'r sêr,
> yn soled fel llawr seler.

> O bob llais trwy'r Babell Lên mae ei lais
> yn melysu'r awen:
> geiriau araf gŵr Eurwen
> sy'n rhoi'r ias yn yr 'O' hen.

> Diau mai angau a'i myn yn ei dro
> ond yr wyf yn erfyn
> ar i'r Mistar ymestyn
> edafedd oes Dafydd Wyn!

Gerallt Lloyd Owen

Carchar

Gwlad fy ngwewyr yw'r muriau, – ei hing hi
   Yw fy nghell a'm dagrau;
   Mae'i chefnogi imi'n iau
   A'i hanwylo'n hualau.

Bwmerang

Asgell o arf dyfeisgar – a naddwyd
   O wŷdd y fam-ddaear
   A'i lunio gan law anwar
   Cyn dyddiau ein gynnau gwâr.

Yr Ymweliad Olaf

Y mae it o grwydro maith – anheddau
   Yr ei iddynt ganwaith;
   Mae 'na dŷ ym mhen y daith
   Nad ei yno ond unwaith.

Mahatma Gandhi

Er inni ei ddifrïo, – yr Híndw
   O'r India, a'i wawdio,
   Cleddyf i'n cywilyddio
   Oedd ei fyw digleddyf o.

Y Dydd Hwyaf

Hwrê i'w ddod boreol, – yr undydd
  Ar ei rownd flynyddol,
Ond trueni'i weld yn troi'n ôl
Heno i'w daith drofannol.

Yr Oes Hon

Wele oes ein byw aflêr: – y rhwymo
  Llawn rhamant ddydd Mercher,
Un nos Iau o dan y sêr
A gwahanu ddydd Gwener.

Marw Tramp

Oes o gam yr ysgymun – a welodd
  O dan ddwylo'i gyd-ddyn,
Ond hael yw Duw teulu dyn,
A'n Crist yn well na'n crystyn.

Owain Glyndŵr

Owain, tydi yw'n dyhead, – Owain,
  Ti piau'n harddeliad,
Piau'r her yn ein parhad
A ffrewyll ein deffroad.

Clustdlysau

Inni nid yw gweld 'genod – â dwy 'ring'
O dan drwyn fel hychod
Heddiw yn ddim rhyfeddod,
Wele maent yn *à la mode*.

Yr Iddewon yn Gasa (2008)

Duw Eseciel ni welant, – na Seion
Eseia, ond plygant
I hen Dduw y dant am ddant,
I hen Dduw difaddeuant.

Plant

Bore oes yn llawn o sbri – fo iddynt,
Medrwn faddau miri
Eu mwynhad cans gwyddom ni
'Daw henaint i'w dihoeni.

Map

Nos da i'r hen 'History', – fo a'r 'Sun
Never sets' ac ati.
Iechyd gweld trai y cochi
A gwyrdd yn awr ein gardd ni.

Uno

Wedi uno dau enwad – yn unig
I gynnal adeilad
Diau ânt 'nôl i'r un stad
O'u huno heb eneiniad.

Gobaith

Marw yw Salem ar Suliau, – yn lle gwag,
Ond gall 'gwynt' yr Actau
Eto ddatod tafodau,
Rhoi sêl i gapel ar gau.

Trap

Â hwn unwaith, a'r poni yn bŵer,
Y bu fy rhieni
Ar eu taith, cyn i'r Ford-T
Ddisadlar ei ddisodli.

Pentan

Wyt hawdd dy ramanteiddio – yn heddiw'r
Dihuddygl goginio,
Bore gwyn sy'n bwrw o go'
Y caledwaith blacledio.

Tomato

Arlwy mewn gwisg ysgarlad – a noddwyd
  Mewn diddos adeilad,
 Saig ein hoes a'i sugn a'i had
 Yn noswylio mewn salad.

Beddargraff Siaradwr Mawr

Ofnadwy fu un adeg – ei siarad,
  Hwn oedd seraff rhethreg.
 Ni yngan air ychwaneg,
 Daeth angau i gau ei geg.

BOIS BRAICH LLWYD

Tegwyn â'i waith trydan

Dyn y tir, dyn twt ei erwau – a dyn
  Dawnus y Cywyddau,
 Yn ddyn ein hoes heddiw'n hau
 Goleuni yn Nhalglannau.

Elwyn a Hen Efail Llannerch

Y gorau am atgyweirio'n – ofalus
  Fu Elwyn, ac weithion
 Â'i law gwnaeth o'r Efail hon
 Aelwyd lle bu adfeilion.

Molawd i Fawddwy

Mae yma heddiw yng nghwmwd Mawddwy
Hen werin cefn gwlad glòs ddibynadwy.
Mae hon yn gefen i'r neb mewn gofwy,
Yn rhannu torth â'r sawl fynn gynhorthwy.
Nid unig trig un â trwy – awr adfyd,
Mae rhai o hyd yn camu i'r adwy.

Dywedwst

Wyf dawel niwtral yn y ddadl niwtron
A huawdl-dawel yn nadl y Duon;
Tewi er cyni glowyr Cwm Cynon,
Di-air erddynt, a mud ar Iwerddon;
Marw wyf yn y Gymru hon – i'r alwad,
Ŵr y Sefydliad cysurus-fodlon.

Coedwig Cwm Glan Mynach

Yn dy dawelwch nid coed a welaf,
Cwmwd a'i hanes sy'n cau amdanaf
Nes gweled tŷ 'mysg y gwiail tewaf,
Mwg-croeso'r ffagal uwch y pren talaf,
Drwy y brig gweld oriau braf – a gollwyd
A doe hen aelwyd fy ffrind anwylaf.

Adnabod

Yn nhir y fawnog mae brefu heno
A'r chwil-di-chwâl am epil yn chwilio;
Wedi pwt o ras – oedi – petruso,
Yna ei glywed – ei arogleuo;
Dau wahanwyd yn aduno'n gyfrin
Ar eu cynefin o chwalfa'r cneifio.

Diolch Merched Uwchllyn
i Dafydd a Meirwen Roberts am eu hyfforddi

Un o linach Telynor – yw Dafydd,
   A difai ei gyngor;
   Yma daeth lawer tymor
   I lywio'n cân, gloywi'n côr.

Amaliel, hwde'n moliant, – ein mawrhad
   Am roi in' hyfforddiant,
   Rhoi d'allu er diwylliant,
   Rhoddi dy oll i'n Cerdd Dant.

Am wau alaw ac awen – dihafal
   Fu Dafydd a'i Feirwen,
   Ddeuawd hael celfyddyd hen,
   Rhai sicir eu croesacen.

Rhoi inni eu harweiniad, rhoi inni
   Sawl graenus osodiad,
   Oriau o ymarferiad,
   A'u rhoi bob amser yn rhad.

Ar Ŵyl Difali y Teulu Sing, Aberangell

Ni'n llawer ag un Llywydd, – ni weiniaid
   Gwahanol ein crefydd,
    Er bod sawl Cred trwy'r gwledydd
    Nid oes a wad – Un Duw sydd.

Dwyfoliaeth Gŵyl Difali – i'w gwlad hwy
   Yn gweld Duw'n Oleuni,
    A gwawl Seren Gŵyl Geni
    Aer y Nef yw'n lleufer ni.

I mi, i ti, un 'Ein Tad', – un Duw sydd
   Er bod sawl datguddiad;
    Y maddeugar Dduw cariad,
    Un Bugail yw i bob gwlad.

Gwisg Wen

Er i hon â'i chlaerineb – arwisgo
   Rhyw esgus o burdeb
    Ni all un wisg wella neb
    Nad yw'n wyn dan ei wyneb.

Ffasiwn
(yn 'Steddfod Castell-nedd)

Nid hen hugan cynghanedd – er ei hoed,
   Yr un ei chyfoesedd
    Yn wylo yng nghân Heledd
    A llawenhau 'Nghastell-nedd.

Bryn Terfel

Er maint gorchest mab Nesta – a Hefin
Ar lwyfan yr Op'ra,
Ei fro a'i iaith a fawrha
Is y golau'n La Scala.

Y Farchnad Arfau

O ofid y gyflafan – ni welaf
Fy nwylo fy hunan
Ym môr o waed Timor wan –
Yn y marw mae arian.

Cadwraeth

Rhyw berygl o'r gorbori – a welai'r
Ymwelwyr o'r trefi,
Ond gweld mae Walad a'i gi
Y maharen mewn mieri.

Olion

Atgof yw'r gribin sofol – yn ei rhwd
O raen y gorffennol,
O gynhaeaf egnïol
Yr oes 'gadael dim ar ôl'.

Hawl Crwydro

Aethant o fro y Pethe, – a'n gadael
I gadw'r hen gartre',
Ond daw'r rhain o foethau tre'
Yn ôl i sôn am hawlie.

Gobennydd

'Roedd ddedwydd im freuddwydio, – ddoe fyrred
Oedd fy oriau arno;
Heddiw'n hen anniddan o
A hir yw'r bore'n gwawrio.

Haelioni!

Gwariaf gyfoeth ar foethau'n afradus,
Ond i frawd mewn eisiau –
I wella'i gur – â llaw gau
Fe gynigiaf geiniogau.

Yr A5

'Roedd ddoe'n stryd yr alltudiaeth – a'r rhwygo
Garegwyd â hiraeth;
Heddiw hi i'r Gwyddel ddaeth
Yn heol marsiandïaeth.

Darlun (modern)

Rhai a welant ryw olud – o'i olew
 A'i alw'n gelfyddyd
 O liw. Er chwilio'n ddiwyd
 Yn ei baent dw i'n gweld dim byd!

'Ystyriwch ...'

Oes yn wir mae gwers i ni – euogion
 Yn nhegwch y lili,
 Yn aberth drud y pabi,
 Yn ffoli'r dlos *Fleur-de-Lis*.

Ffôn Poced

Yn oes yr holl ddyfeisio, – os hwylus
 Ei alw, rhaid gwylio
 Y daw dydd ei alwad o
 A neb yn galw heibio.

Dychwelyd

Yn fy ôl yr af o hyd – i fawrhau
 Hen fro wen fy mebyd
 A chael ar ôl dychwelyd
 Y ddoe gwyn yn g'lwyddau i gyd.

Yr Urdd Oren

Y Boyne mewn dillad bonedd, – drymiau 'Cred'
Yn Drymcri'n atgasedd
A sioe ei ddoe diddiwedd
Yn *'Sieg Heil'* i D'wysog Hedd.

Fy Henfro

O bellter y byw alltud – fe welaf
Henfro foel fy mebyd
Er ei thafol yn olud;
Af yn ôl yn ôl o hyd.

CADW

Iawn yw hybu henebion – ein cenedl,
Iawn cynnal adfeilion
Ei chaerau, ond ei choron
Yw'r Gymraeg i'r Gymru hon.

Eithafwr (Seimon Glyn?!)

Gwell i hwn golli'i heniaith – yn wasaidd
Na lleisio'r gwir perffaith
Drwy honni mai estroniaith
'Immigrants' sy'n mygu'r iaith.

Ffurflenni

Un ffurflen ar ddiwrnod geni – fy nhad
   Fu fy nhaid yn lenwi;
  Gwyn ei fyd, mae gennyf i
  Filiynau o ffurflenni.

Sul y Mamau

Mam ydyw, mae'n haeddu medal – gennyf,
   Bu'n gweini yn ddyfal
  A rhoi drosof bob gofal
  Yn ddiwyd iawn, yn ddi-dâl.

Cwlwm

Unwaith, yn nyddiau'n rhieni – caled
   Oedd cwlwm priodi;
  Mae ei agor neu'i dorri
  Yn haws 'nawr yn ein hoes ni.

Annibendod

Wiliam oedd yn ei wely – yn gynnes
   Tan ginio yn chwyrnu
  A'i dda tew wrth glawdd y tŷ
  Heb forefwyd yn brefu.

Sbin

O daw'r gwŷr doctora geiriau, – gwylia
    Goelio eu storïau.
  Hawdd gweled celwydd golau,
  Anodd gweld gwirionedd gau.

Cadair

Ni, wareiddiad y llofruddio, – anodd
    Yw inni esbonio
  Dyneiddiaeth dienyddio
  A'r daith ar hyd y *Death Row*.

Deisyfiad yr Iddew

Iehofa, rho gymorth dyfal – i hel
    Plant Allah i'r anial
  Yw cri ei weddi wrth Wal –
  Myn Duw, mae'n mynnu dial.

Celwydd

Wyf bennaf o bob Dafydd! – yr wyf gawr!
    Wyf y gorau prydydd!
  Yr wyf Sant, y puraf sydd!
  Ond cwlin am ddweud celwydd.

Ailgylchu

Nithio'r had oddi wrth yr us – yn ddiwyd
Fu y ddoe darbodus,
A chael o'r ail-hau a'r chwys
I'w hirlwm stôr o farlys.

Patrwm (Y Swistir)

Yn ddoeth bu'n noddi'i hieithoedd, – ni rannodd
Drueni rhyfeloedd
Ein doe ni; Gardd Eden oedd
Yn heddwch ei mynyddoedd.

Erthyliad

Mam sâl, a ni'n moesoli: – ai ŵy bach
Ai bod byw'r beichiogi?
Y Pab am arbed babi
Ond y fam arbedaf i.

Meicro-don

Gwyn yw 'myd, coginio maith – y badell
Arbedwyd, a'r trymwaith,
Ond inni 'roedd bwyd unwaith
Yn llawer gwell er y gwaith.

Gwesty

Er ei fîr ac er ei fwyd amheuthun,
A'r moeth dan ei gronglwyd,
Er pum seren mae'r lle'n llwyd;
Ni weli yno aelwyd.

Rhwystro Heddwch

Hen ddialedd a'i ddolur – a welwn,
Plant Allah'n ddidostur
Yn enw'u Duw, tra ni a'n dur
Yn enw Crist yn creu rhwystyr.

Ffasiwn

Gwêl Nain o oes gwlanenni – y newid
Gan ieuainc yn ffwlbri;
O wisg feinwasg i 'fini'!
O siwt Taid i ryw grys T!

Y Cynulliad

Rho ben ar ffraeo beunydd – a hacrwch
Y cecru tragywydd.
Rho i ni Gymru newydd
A rho faeth i'r Gymru Fydd.

24

Het Silc

I Ascot rhai a'i gwisga, – i'r bonedd
  Hi yw'r benwisg hardda',
  Ond cap stabal Ffair Bala
  Yw'r un iawn i'r werin Wa.

Treialon Cŵn Defaid y Bala

Dewch i weled fis Medi – yn Rhiwlas
  Reolaeth y cewri,
  I weled y didoli
  A doniau gwych dyn a'i gi.

Yr Aran Fawddwy

'Adref' i mi ei godre – a mynnaf
  Fod ei mawn a'i chreigle
  Yn winllan well nag unlle –
  Mor annwyl im yw'r hen le.

Yn 'Steddfod Tyddewi

O na allwn ymbwyllo – un eiliad
  Yn hudoliaeth Penfro
  I weld â llygaid Waldo
  Ei Dir na n-Óg cadarn o.

Pentan

Wrtho mwynhasom nosau – bore oes
Er mor brin ei foethau;
Ein rhiaint a'u storïau,
Ninnau'n gylch a Nain yn gwau.

Calan Gaeaf

Ar awr rynllyd i'r winllan – a'r anwar
Ddwyreinwynt yn rhochian,
Na welem ryw Ffair Galan
I nerthu ein gweithlu gwan.

Ni a Nhw

Nyni draw ar estron draeth – yn gwaedu
I gadw'r Ymerodraeth.
Arwriaeth!

Nhw y gwan yn eu gwlad gaeth – yn gwaedu
I gadw eu Treftadaeth.
Terfysgaeth!

Hanes

Hwn yw Sycharth, hwn Arthur, – hwn yw her
Merthyron ac arwyr,
Hwn yw ein cof, hwn ein cur,
Hwn ein dolen a'n dolur.

Deddf Iaith

A'n heniaith heno'n dihoeni – hyd fedd
Dof iawn yw bodloni
Ar gildwrn prin; rhaid inni
Fwy o rym i'w hadfer hi.

Beddargraff Meuryn

Ni welai grefft na delwedd, – gwael ei farc,
Gwelai fai'n ddiddiwedd,
A phwt gwan digynghanedd
A wna'r tro i farcio'i fedd.

Tŷ Gwydr

Oeda haf o dan ei do, – trofannol
Yw tw'r fawnen ynddo;
Yn hydrefin y crino
Ni ddaw nych i'w werddon o.

Dafad Farus

Y wlenig na ŵyr fodlonedd, – boed hi
Mewn bwyd da at ei dannedd;
Cae nesaf yw'r glasaf gwledd,
Yno y mae digonedd.

Galwad Ffôn am Darw Potel

Jones Ty'n Lôn sy' ma'n ffonio. – Mae Biwti
    Am y botel eto,
    Ei hawydd y trydydd tro!
    Jiaw, mae'n dechrau'i henjoio.

Penawdau

Gwnaed diacon rhyw ddrygioni – gwibia
    Gohebwyr am stori;
    Am orau'r saint nemor si –
    Dihanes yw daioni.

Dyn Oriog (Yr Wythnos Fawr)

Clyw ei salm, a gwêl ei balmwydd; – heddiw
    Mae yn bloeddio'i glodydd;
    Yfory barnu y bydd
    A drain geir ganddo drennydd.

Carcharor Cydwybod

Hualwyd ei radicaliaeth – eirias
    Am herio'r wladwriaeth,
    Ond yn ei ing datod wnaeth
    Hualau y ddynoliaeth.

Capel Cynllwyd

Di-lol addoldy y wlad – a seiliwyd
    Ar sêl argyhoeddiad;
    Ei furiau oer ŵyr fawrhad
    A'i hagrwch ymgysegriad.

Manna

Hyfryd yw'r bara cyfrin, – i waelion
    Mae'n gynhaliaeth ddibrin,
    Bara i blant y llwybrau blin,
    Bara'r Iôr i bererin.

Dagrau

Ni all yr un fferyllydd – roi ennaint
    Mor rhiniol ar ddwyrudd
    I euro gwên awr llawenydd,
    I iro briw yr awr brudd.

Colli Gwyn Ifans o'r Babell Lên

I afallen cyfeillach – a huliwyd
    Â dail ein cyfathrach
    Daeth bwyell, a noeth bellach
    Ydyw'r berth heb y 'dryw' bach.

Siamplar Nain

Er i'r dyddiau hen freuo – ei liain,
　　Er i'w liwiau lwydo,
　Gwelaf o hyd trwy 'i gelf o
　Law annwyl yn ei lunio.

Yfory

Y dydd, paid ymddiried iddo – dy dasg,
　　Paid â disgwyl wrtho.
　Gwylia 'i wawr rhag ei gael o
　Yn ddi-hid o'th freuddwydio.

Uchelgais

Ym more oes rhown fy mryd – ar geisio
　　Rhyw gysur a gwynfyd.
　Druan bach, troes troeon byd
　Yn chwilfriw bob uchelfryd.

Tacsi

Hen Austin du sydd wastad – yn 'hedeg
　　Fel gw'nidog neu 'ffeiriad
　O le i le draws y wlad
　A'i olwg ar gael galwad.

Gradd

O'i addysg daw heb faeddu – i'n buarth
   Â'i BA i'n dysgu.
  Er ei radd mae'r baglor hy'n
  Anwybodus mewn beudy.

Y Grib Fân

Hon a chwynnai bob chwannen – yn y gwallt
   Pan o'wn gynt yn fachgen;
  Dim ond amau bod lleuen
  Wele Mam yn chwilio 'mhen.

Olew

Lle bu lludded y fedel, – lle bu gwedd,
   Lle bu gwich hen echel,
  Un a ddaw heddiw i hel
  I'r das ar dractor disel.

Torth

Er hawsed ydyw crasu – ei gwenith
   I gynnal y teulu,
  Mor anodd gennym rannu
  A rhoi darn i'n cefnder du.

Gwely a Brecwast

Cynhaeaf ein hynafiaid – fu hel gwâl
A gwair i'w dyniewaid,
Ond to iau droes breseb taid
Yn rhastal i dwristiaid.

Damwain

Hawdd darllen yn hamddenol – am eraill
Yn y marw beunyddiol,
Eto i'r un gartre' ar ôl
Mae marw hwn mor wahanol.

Tylluan

Tywyll le a gâr tylluan – awr gwawr
A gwario'r dydd cyfan
Yn ei chwsg, mae hi a'i chân
Yn rhy hyll i droi allan.

Cwlwm

Doe ein hil fu'n ei dynhau – i'n huno
Yn genedl drwy'r oesau.
Gwae'r sarhad ar y tadau
Ddod awr ddi-hid ei ryddhau.

Cyflafan

Mi welais saethu miloedd
Drwy Hollywood, a'r hwyl oedd
Gweld pen-plu yn llyfu'r llwch
A'i farw yn ddifyrrwch.
Ni, y gwyn, oedd ddynion gwâr,
Nhw ddienaid oedd anwar.

Gwelais heno'n ddigalon
Hen Sioux ar y sgrîn yn sôn
Am hafau a dyddiau da
O'i adfyd mewn Gwarchodfa,
Yno heb lwyth a heb wlad,
Yn brudd heb ei wareiddiad.

Tro ar Fyd
(Dic Jones yn olynu Gwyn Williams)

Am ryw hyd ffermwr ydoedd,
Ym more'i oes ffermwr oedd,
Ym myd lloi ac ym myd llaeth,
Ar glemio'n arogl amaeth,
Nes ei hudol droi sydyn
Tua'r Gòg – riteirio Gwyn!
Ac o'i fyd drewllyd yr aeth
Am yno – am wahaniaeth!
Drws Bangor yn agoryd
Drwy y Bîb i ben draw'r byd;
Troi o'i stad tua'r stiwdio,
I Babell Lên o bîb llo!

Ac o'r dom dod i Gaerdydd –
Ein harwr yn Archdderwydd!

43

Afon Dyfi

Brenhines ein bro enwog,
Tw' ein gwlad sydd iti'n glog.
Dy orsedd yw'r llechweddi,
Aran dal dy goron di,
A dihafal dy Balas
O'r Waun Lwyd i Dderwen-las.

Y creigiau yw'th dyrau di
Ac irddol yw y gerddi,
Dy lethrau'n winllannau llon
A gwinwydd yw'r 'Bedw Gwynion',
O Lanwrin i'r Dinas
Mae'th lawntiau'n weirgloddiau glas.

Ddyfi fawr, dy osgordd fydd
Y diddan fân afonydd,
A daw'r Cerist a'r Ceirig
Â'u dŵr iach yn rhad i'th drig,
Tafolog a'r Wledog lon
A'r Iaen yw dy forynion.

Unwedd â Pharc Brenhinol
Dy wyrdd allt, dy iraidd ddôl;
Ar d'ystâd mae'r da duon,
Gynhenid frid; mae ar fron
Y meinwych ddefaid mynydd
Yn bwrw'u hwyn lle bu'r hydd.

Dy ardal sy'n adardy,
Mae Cemes yn lloches llu
O adar gwyllt, a daw'r gog
I wiail Abercuog;
Di-ail rwn dy awel rydd
I'r drudwy a'r ehedydd.

Optimist

Heb wewyr ar daith bywyd – hwn yw'r un
Na ŵyr ing iselfryd;
Iddo ef er pob clefyd
Mae lôn well ymlaen o hyd.

Cynildeb ein cyndadau

Anodd yw gweld o'n dyddiau gwyn – eu byd
Darbodus un enllyn,
A'u rhaid taer ar amser tyn
I uno'r ddau ben-llinyn.

Llygaid Bugail

Rhai a wêl ar ymweliad – ein bro wyllt,
Ond ei braidd wêl Walad.
Gwêl oen, â'i graffter cefn gwlad,
Yn faharen o'i fwriad.

Ffon

Ddoe yn llanc ieuanc gorlawen – y gamp
Oedd osgoi y fedwen,
Ond yn awr o fynd yn hen
Glynaf wrth fagal onnen.

Tybed?

Ai gwir fod Duw sy'n Gariad – wedi bod
 I Bush yn ysgogiad
 A'i annog o i fynd i'r gad?
 A yw'n siŵr pwy sy'n siarad?

Nodyn Rhiant i Brifathro

Bennaeth, os gelli, esbonia – ffrydio
 Ein Ffredi i'r isa'
 A chòg Agnes drws nesa' –
 Hen yffar dwl – i Ffrwd A.

Gwrthod yr hawl i roi 'D' ar geir

I rai twp *learner* wyt ti – nid dysgwr,
 Paid disgwyl tosturi;
 Cyfraith y Sais sy'n cyfri
 A di-hawl yw dy iaith 'D'.

Cwys

Er f'uchelgais, er ceisio – ei thorri
 Yn syth, hir a chryno
 Ni bu rwn oedd heb ei ro
 A hen gerrig i'w gwyro.

Cymydog (Elfed Cymerau)

Mae'n Samariad bob adeg, – yn wastad
Mae cystal â'r ddameg;
Boed stormydd, boed dywydd teg,
Daw i'r adwy ar redeg.

Lladrad

Ei grogi am ddwyn grugiar – a gawsai
Y gwas mewn oes anwar;
Dieuog er dwyn daear
O gwm i gwm fu'r meistr gwâr.

Dyn

Troi ei Eden yn Gehenna – a fyn
Â'i fynych ryfela.
Herio Duw a gwadu'r da
Yw tueddiad plant Adda.

Minceg

Mwyach ni welir 'dimeiau', na byd
'Licas bôl' 'rhen ddyddiau;
Heddiw fe droes yr oes iau
Ein fferins yn gyffuriau.

Gŵyr Eurwen yn well na llawer mai creaduriaid digon diramant yw ffermwyr. Mae'n ddigon call hefyd i sylweddoli bod ei henw yn benthyg ei hun yn aml i mi o dan ormes odl a chynghanedd sydyn mewn ymryson. Ffrwyth sefyllfa felly yw'r rhain, weithiau'n gariadus, weithiau'n gellweirus.

Ar Garden Ben-blwydd

Fy Eurwen, 'rwyt gyfarwydd
Nad wyf hael iawn ar dy flwydd
Os mai aur a thus a myrr
Ein hoes yw'r llinyn mesur;
Ofer o hael wyf, fy rhos,
Â'r myrr sy'n hir-ymaros.
Onid gwell, f'anwylyd gu,
Nag aur yw im dy garu?

Eurwen a fi

Ddoe mwynhau yr oeddem ni – wên y lloer,
Minnau'n llanc go secsi.
Yn oer a hen, ni fedr hi
Na haul fy ysbrydoli.

Honcw

Yn fy nghôl hi fu angyles – eurwallt,
Yr Eurwen a briodes.
Bu rhoi fy llaw i'r g'nawes
Yn an-noeth – ond dyna wnes.

Hyd nes i ...

Yma'n awr, a minnau'n hen, – ni wn i
Am neb fel fy Eurwen;
Yn fy nghur hi yw fy ngwên,
Yn fy alaeth fy heulwen.

Merch fach o'r India mewn slafdy

'Draw, draw' gwêl menyw druan
Wrth ei gwaith, ragrith y gân.
A ni'n afiach ein trachwant
Ofer y ple 'Cofia'r Plant';
Hi'n eneth aeth i weini,
Chwysu'n hallt o'n hachos ni,
A gŵyr mai i'n gwerthoedd gau
'Eilunod' yw'r melinau,
Gŵyr gost ein byw diddos da,
Y draul o'n budrelwa.
Yn ei threm mae'r gweithio rhad,
Gwae ein llog yn ei llygad.

Ymson Y Dylluan

Annaearol o dderyn,
Yw gwdihŵ 'ngolwg dyn.
Ni yw adar y marw,
Ellyll nos i'w crebwyll nhw.
Nhw o bawb! 'Runion bobol
Wna o'u byd y fath gybôl.
Gwelaf orthrech chware chwil
A'u hen wanc o fy encil,
Nid oes drwy'r holl fydysawd
Fwy o raib na lladd dy frawd,
Gwelaf fyd i gyd o'i go'
A'm dewis yw meudwyo.

Cwm Orthin

Awyr las a chrych ar lyn
I'r ymwelwyr, yw'r Moelwyn,
Ond i rai, brafied yr hin,
Y mae Mawrth dros Gwm Orthin;
Carreg fedd yw'r anheddau,
Y chwarel a'r capel cau.
Mae atgofion drosto'n drwch
A'i unigrwydd yn hagrwch.
Y Barics heb ei herian,
Yno heb do a heb dân,
A lle bu'r hwyl llwybra haid
(Och dristwch) o dwristiaid.

'Hawk Jet'

Cadw'r estron ohoni
Yw diléit fy nghenedl i.
Daw rhyw sŵn draw dros Wynedd,
A daw'r 'Hawk' i gadw'r hedd!
Mae yn dyst, trwy'i mynd-a-dod
A'i dwndwr, o'n Prydeindod.
Hon a'i sŵn yw siant ein Sul
A'i hangen yw'n hefengyl.
Yn ei gwib y mae gobaith
Parhad ein henwlad a'n hiaith!
A di-ofn yw'r Cymry da
Otani, Rŵl Britannia!

Tro ar Fyd

Lle bu 'nhaid fel ei deidiau
Yn dwyn y gwyllt o dan gau
Mae hirwallt yn ymorol
Dwyn ei waith i'r gwyllt yn ôl.

Rhoi'r efrau i'w gaeau gwair
A'r ysgall 'nôl i'r esgair,
Rhoi ei hadau i'r rhedyn,
Erwau ei chwŷs 'nôl i'r chwyn.

Wyf ei ŵyr, ces ganddo faeth
I herio y gadwraeth
A fynn weld hen stad fy nhaid
Yn dir wast i dwristiaid.

Pris

Gwir y gair, o hau y gwynt
Daw'r cur, a medi'r corwynt.

Y mae gwn, bom ac anwir,
A chasáu drwy y chwe sir.
I'r Gwyddel mae'r holl helynt
Ynghlwm wrth y gorthrwm gynt.
Hawlia'n awr y talu'n ôl
Am rodres ymerodrol,
Edliw'r gwarth a dal ar go'
Ddoe ein trosedd a'n treisio.

Ni piau doe, nhw piau dial,
Ond hwy a ninnau piau'r tâl.

Methu

Daw'n eglur ei ystyr o
'Nawr yn nyddiau'r heneiddio!
Mân orchwyl mwy yn orchest
Imi'r rhawg mor dynn fy mrest.
Plygu'n isel yn helynt,
Rhodio'n gamp lle rhedwn gynt,
Ac irlanc wybu garlam
Fore gwyn yn fyr ei gam,
A wybu'r hwyl heno'n brudd.
Y mwyniant f'ai Hel Mynydd
I amaethwr sy'n methu
Â gwneud dim – ac yn y tŷ!

Yr Hil Ddynol

Ofered ein hedifaru – ganwaith
    Ac yna ailbechu.
    Yn ein gwraidd mae Adda'n gry' –
    Anodd yw newid hynny.

Trofa Beryglus

Wele gornel nas gweli, – hen dro S
    Di-ben-draw yn troelli.
    Yn raddol yr ei iddi
    Neu i *dead-end* y doi di.

Llabyddio James Bulger

Ei fedd cynnar sy'n siarad – am ei fyd,
    Am faint ein dirywiad;
    Argoel yw i sobri gwlad,
    I geryddu'n gwareiddiad.

Dewis

Ni fynnem gadw'r *Faner*; – llawer gwell
    Yw rhyw gweisg y gwter;
    Eu balihŵ am fyw blêr
    Palasau yw ein pleser.

'O bydded ...'

Wyf ŵyr gwladwr o Feirion – a rannodd
Yr heniaith i'w feibion.
Yfory boed fy wyrion
Ym mharhad y Gymru hon.

Distawrwydd Sul y Cofio

Heddiw 'mhell mae'r beddau mud – yn filoedd
O'n rhyfela ynfyd,
A ninnau'n rhoi dau funud,
Dau wedi'r holl farw drud.

Hen Fwrdd y Gegin

Dim ond masarn heb arno – na lliain
Na lliw i'w addurno;
Rhoes gwerin y brws sgwrio
Ei wyn balch i'w wyneb o.

Afon

Daeth eog 'nôl i Ogwr – yn holliach,
Ond collwyd y glöwr.
I mi harddach f'ai merddwr
Na gwlad wag loyw ei dŵr.

Dynion gwâr teyrngar i ti
Yw'r wehelyth reoli
O Hendre Ddu i Dre'r-ddôl,
Hen wehelyth fugeiliol;
Hil gwŷr glew y garreg las
Yw'r deiliaid ym Mro Dulas.

Haelioned wyt, 'n oes Glyn Dŵr
Noddaist y dewr Seneddwr,
Dro arall Ddoethor Mallwyd
A noddi llên Dafydd Llwyd,
Pan dan orthrech Tydecho
Y ti oedd ei Laethnant o.

Yn dy wlad wen deiliad wy',
Hawdded im foli Mawddwy,
Man fy ngeni, man f'annedd
Ac yn y man, man fy medd
Yw dy fro deg glodfawr di,
Fro hudol dy Fawrhydi.

Dedwyddwch

Ymarfer ofer yw ceisio'i dyfu
Yn gyffur pibell, neu ei chwistrellu,
Ac ni all bonedd ei etifeddu
Na'r un brenin ag arian ei brynu,
Ond caed allwedd i feddu – ei ddoniau
I lawr yr oesau o law yr Iesu.

Yr Aran Fawddwy

Yr Aran Fawddwy i mi oedd fwya',
I fab ei hardal hi oedd y dala'.
Yn ŵr aeddfed gwn mai uwch yw'r Wyddfa,
Mai mwy o lawer yw'r Himalaia,
Ond o fodlon hwsmona – wrth ei throed
Hi yn awr henoed ddeil y diriona'.

Egin

Bu'r wagner dyfal am lawer daliad
Yn rhoi o'i orau rhwng cyrn yr arad',
Yna yr heuwr ar fore'r heuad
Ar rwn o estyll wasgarai'n wastad,
Cans gwyddai'r ddau o hau'r had – y dôi'r haidd
Yn rhesi iraidd rhyw dro i siarad.

Er Cof am Iorwerth Wyn o Fadian

Rhywsut, nid yw Aberhosan – bellach
    Heb ei allu'n gyfan,
    Na chefen gwlad Bro Madian,
    O'i roi'n ei fedd, yr un fan.

Er Cof am Ifan O. Jones, Ardudwy

A'n hen genedl yn gwanio – na allem
    Chwistrellu i bob Cymro
    Rhyw un dafan i'w danio,
    Un dafn o waed Ifan O.

Er Cof am Alun R. Lewis, Cwmlline

Alun, ar ei ôl mae galar; – drwy'i oes
    Bu yn driw i'w Soar,
    A'i ofal hyd bentalar
    Dros ei Gwm a'i filltir sgwâr.

Er Cof am Dafydd Jones, Pant-gwyn

'Dei' agos i'w gymdogaeth – oedd Dafydd,
    A difyr gwmnïaeth;
    Heddiw y cof er bedd caeth
    Liniara golyn hiraeth.

Yn angladd fy Chwaer-yng-nghyfraith

Rhianwen, am roi inni – yn hael iawn
    Lawenydd dy gwmni
    Llawenhau a allwn ni,
    A allwn awr dy golli.

Rhianwen, mae dy rinwedd – i barhau
    Er holl bridd y dyfnfedd;
    Nid oes faen ac nid oes fedd
    Neu fynwent ddeil dy fonedd.

Os yn brudd heddiw'n gruddiau, – Rhianwen,
    Er hyn mae'n calonnau
    Yn moli drwy'r cymylau
    Ras Duw'r Groes a'i drugarhau.

Er Cof am Simon Lewis Jones, Tan-y-bwlch

    Y grug a Chraig-yr-ogo' – a garodd,
        A gwerin ei henfro.
        Ei Gynllwyd a'i aelwyd o
        A'i wreiddiau oedd aur iddo.

Er Cof am Siôn, Pant-glas
(a laddwyd mewn damwain yn 17 oed)

    Er alaeth yr awr greulon – a welodd
        Chwalu ein gobeithion,
        Er y siom, o garu Siôn
        Ein gofid dry'n atgofion.

Er Cof am Anti Lin, Caernarfon

Anti Lin, mae'n fyw inni – er y bedd,
    Er y boen o'i cholli;
    Annwyl pob cof ohoni
    Cans annwyl llawn hwyl oedd hi.

Fy Nhad a Mam

Ar awr anodd dau roddwyd – ddoe i fedd,
    O Fawddwy a Chynllwyd,
    Ond wedi gwawr dau a gwyd
    I Nef holliach o Fallwyd.

Er Cof am Ellen Francis, Dyffryn Ardudwy

Is mynor mae'r fam ore – yn aros
    I dorri y siwrne;
    Ddoe i ddaear Llanddwywe,
    Yfory'n iach fry i'r Ne'.

Fy ffrind Rhydderch Jones, Mallwyd

Y gŵr gwâr aeth o Gae'r-go – a gofiwn
    Er gofid ffarwelio;
    Bu ddiflin, oes edwino,
    Yn dyfrhau ei wlad a'i fro.

Marw Gwen Rowlands, Aberangell

Bu'r angau'n Aberangell – ddigalon,
 A'i ddig'wilydd fwyell
  Finiog aeth â'r fwyna' i gell
  A'r bereiddiaf i'r briddell.

Llwyn-onn, aeth y lle'n unig, – yn dŷ gwag;
 Collwyd Gwen garedig;
  Dieithr iawn yw gweld ei thrig
  Heddiw heb wên fonheddig.

Gŵyr Horeb er gwae'r hiraeth – na welodd
 Elor ei gwasanaeth,
  Na'r gweryd ei rhagoriaeth; – llyncodd Un
  Ei bedd a'i golyn mewn Buddugoliaeth.

Cofio Rhiannon
(wrth lansio y llyfr *Bro a Bywyd Gwynfor Evans*)

Wrth roi i Gwynfor y goron – am a wnaeth
 Mae 'na un fu'n ffyddlon;
  Dal ei law ar aelwyd lon,
  Hyn oedd rhinwedd Rhiannon.

Tra bu'r tad yn cenhadu, – a'i orchest
 Yn gwarchod ei Gymru
  Cofiwn am y fam a fu'n
  Gwarchod trwy'r holl ymgyrchu.

Hi'i hyder awr pryderon, – hi yr un
 A rannai'i freuddwydion,
  A rhannu wnaeth Rhiannon
  Gymar oes â'r Gymru hon.

Cofio (Dathlu 50 oed Undeb Amaethwyr Cymru)

Dwyn i go' y deffroad – sy'n addas
    Yn heddiw y Dathliad,
    Cofio'n awr y cyfiawnhad
    A chynnwrf y cychwyniad.

Cofio'r rhwyg, cofio'r egin – a heuwyd
    Yn naear Caerfyrddin
    I wreiddio, cofio'r rhuddin
    Yn nal praff y dwylo prin.

Cofio cur y blaguro – a llwydrew
    Y llawdrwm ddifrïo,
    A'r rhai trahaus lawer tro
    Yn ein gwadu a'n gwawdio.

Cofio'r had trwy'r cenhadon – yn ffynnu
    Yng nghyffiniau Meirion,
    Yn dirf yng nghwmwd Arfon,
    Ar gynnydd ym meysydd Môn.

Egin a oedd gynnau'n wan – yn dw' aur,
    Yn cadeirio'n llydan,
    Er drygair a darogan – yn irder
    Gyfer wrth gyfer tros Gymru gyfan.

Nid erwau i gadwraeth – y mieri
    Mo erwau'n treftadaeth,
    Nid rhyw ddôl i'r twr a ddaeth
    I dramwy dros dir amaeth.

Heddiw dathlwn ei llwyddiant – ar ein rhan,
    A'r hanner canmlwyddiant,
    Boed o hyd i'n diwydiant
    Eto yn gefn tan yn gant.

I gyfarch Tecwyn Owen, Dolgellau yn 60 oed

Dyna od, er mynd yn hen
Ieuanc yw Tecwyn Owen.
Deil yn fachgen er henoed.
Hogyn yw yn drigain oed!
Wele ddydd ei ben-blwydd o,
Addas rhoi diolch iddo.
Eiliwn fawl i un o Fôn
Am aros yma'n Meirion
I selog gyfoethogi
Â'i ddawn wâr ein broydd ni.
Rhoi'i ynni i Fro Wnion
A rhoi ei fyw i'r dref hon.
Fel Blaenor a Chynghorwr
Ef ddiau yw'r gorau gŵr,
Un dynna goes gyda gwên,
Un diwyd ym myd awen.
Am ei wên a'i gymwynas
Hawdd yw dweud heddiw "Da was",
A dyddiau lu foed iddo
I barhau'i waith yn ein bro.

I gyfarch y Parchedig William Brothen Jones
yn 80 oed

Llanfrothen, bro dy eni, – a roddodd
Y rhuddin sydd iti;
Derw wyt o'i daear hi
A gwydyn i'n cysgodi.

William Thomas (Nant-yr-Henfaes) yn 90 oed
Arweinydd Côr Dinas Mawddwy a'r Gân yn Ebeneser

Yr hirhoedlog ŵr rhadlon – a haedda
    Heddiw ein cyfarchion,
    Doeth a hir fu y daith hon
    O'r Wenallt ym Mro Wnion.

Hebrwng 'Bocs' Pantyceubren – o Wnion
    Dros fryniau'r Garneddwen
    Yn laslanc ieuanc llawen
    Ar ei daith, parod ei wên.

Dydd o lawenydd a loes – a ŵyr ef,
    Dyna ran pob einioes;
    Mae 'na hiraeth mewn hiroes –
    Marw un fu'n gymar oes.

Rhodio 'nydd gwynfyd a phryder, – a rhoi'r
    Gorau oll bob amser
    O'i ddoniau hael i'w Dduw Nêr
    A'i Iesu'n Ebeneser.

Hael iawn yw diolch ei blant – a'i wyrion,
    Eu magwraeth folant.
    Heddiw unol eiddunant,
    Daid heini, y gweli gant.

Y diweddar William Hughes Jones, Y Bala yn 100 oed

Wrth aredig nid digon – yw ceisio
    Torri cwysi hirion.
    Gwasanaeth dy gŵys union
    A fawrheir yn y fro hon.

Priodas Ruddem Stephen a Tegwen Tudor

Mae rhamant yr ymrwymiad – yn haeddu
   Troi'r rhuddem yn ddathliad
  I ddau a ŵyr y boddhad
  O'i gyrraedd yn ddau gariad.

Priodas Ddiemwnt Ithel a Megan Rowlands

Dwyn i gof yw nod ein gŵyl
Ddoe uniad y ddau annwyl.
Ddyddiau'u hoes, bu Megan ddel
Yn teithio wrth gwt Ithel!
Dathlu diwrnod eu priodi
Yn llawen iawn a wnawn ni.
Dwyn i go' ddoe'u hymroddiad
A moethau oes mam a thad.
Wele hwy'n dathlu â gwledd
Ymlyniad trigain mlynedd.

I gyfarch y Prifardd Tudur Dylan Jones ar dderbyn
Gwobr Glyndŵr am ei gyfraniad i'n llên

Dylan y Meuryn

Wele 'rwyt imi'n eilun – os gwirion
　　Dy sgorio fel Meuryn
　　Yn rhoi deg i Hedd Bleddyn,
　　Un neu ddau i Dafydd Wyn!

Heddiw fe allaf faddau – it, Dylan,
　　Er tiled dy farciau.
　　Anodd mewn Ymrysonau
　　I Dafydd Wyn dy foddhau!

Dylan y Bardd
(o hil Parc Nest)

Cynaeafu y bu'r lluest, – nid gwair
　　Ond y gerdd ei gorchest;
　　O'i phridd yr Awdl a Phryddest
　　Yw y cnwd ddaeth o Barc Nest.

Hon aelwyd ei ysbrydoli, – aelwyd
　　Symbylodd ei gerddi,
　　Hon yw gwraidd ei bedigri
　　A hon ddawn ei farddoni.

Mae'n ddiwrnod canu 'i glodydd, – a di-ail
　　Yw Dylan y prydydd;
　　Yn ddi-os fe'i cawn rhyw ddydd
　　Yn arwisg yr Archdderwydd.

Gobaith

Mae ewinrhew ar ewin; – i'r hiniog
    Ar rynnu daw'r robin;
  O am afiaith Mehefin
  I roi hwb i'r borfa grin.

Y wlad grin dan lid egr rew, – ac anian
    Ddigynnwrf dan lwydrew,
  Y praidd yn pori eiddew,
  Yn llac, a'r gyrwynt fel llew.

Llew'r dwyrain yn llorio deri, – a phob
    Perchen fferm yn holi
  Yng ngwae'r heth a'i hing arw hi
  A wêl wanwyn eleni:

Holi'r niwl ar y waun oer,
Niwl rhynllyd, holi'r wenlloer,
Holi tarth ar waelod dôl
Am arwydd y daw meiriol;
Am wên heulwen mae'n holi,
Holi'r gwynt ei helynt hi.

Pan fo pryder ar erwau
A llym wynt yn eu llymhau,
A garo faes gŵyr efô
Weithian hir anobeithio;
Annifyr ei anifail,
A'i das yn y domen dail.

Ond cofied, lymed ei lys,
Ni bu hirlwm heb eirlys.

Er y loes deffry'r eirlysiau – addfwyn
    I leddfu'i ofidiau;
  Daw i'w erw brudd glwstwr brau
  Yn genhadon i gnydau.

I lid iâ daw blodeuyn
A heria wae ei gae gwyn,
Er ias eira 'e sieryd
Am haf a'i hoen wrth lwm fyd;
Am naws Ebrill mae'n sibrwd,
Am egni haul ac am gnwd.

'R eiddilaf a yrr ddolur – o'i galon;
  Ddirgeled yw Natur
 Yn galw'r gŵyl i rew a'i gur, –
 Brau eirlysiau'n arloeswyr.

Efô mwy, er gaeaf maith,
Ar ei lwybyr 'wêl obaith.

Fe wêl Mai ddiwyd a'i falmaidd awel,
Nawdd i egin, a rhent yn ddiogel,
Gweld staciau'r ydau'n drwchus ar fedel,
Diddos wair rhos yn gorlenwi 'i resel,
A gobaith eilwaith a wêl – drwy'r eirlys,
Anian gynhyrfus yn gwanu oerfel.

Yn benisel y delo – yr eirlys
  I'r eirlaw i dystio
 Y daw i'r allt ar fyr dro
 Wefr gwanwyn i frig yno.

Yno daw irwisg ar noethni derwen
A si hwyrnos i baill y fasarnen;
Wedi loes gaeaf deilia ysgawen
Yn gwmni i lasfrig unig y g'lynnen;
Hardd arianwisg i arw ddraenen; – a bydd
Heulog gawodydd yn hulio coeden.

Efô a wêl yn fuan
Frigau ir yn ferw o gân.

Yn lle gwrysg fel 'sgubell gwrach – daw irgoed
    O'u hirgwsg yn wyrddach,
    A daw alaw o'r deiliach,
    Aria bêr yr adar bach.

Wedi cythlwng daw cathlau – yn Ebrill,
    'R ôl cynhebrwng angau,
    Canig o frig i fawrhau
    Aileni'r tirf goedlannau.

Eilchwyl fe ddaw mwyalchen – a'i heurlais
    Yn fwrlwm i gangen,
    A chwa boeth chwery uwch ben
    I gyfalaw'r bigfelen.

Ar hoenfrig cân y fronfraith – ddyfod haul,
    Ddyfod twf a gobaith,
    Rhoi ei halaw yr eilwaith
    I ŵr y fferm goelio'r ffaith.

Uwch trydar adar brwdfrydig – un dydd
    Clywir diddan fiwsig,
    Daw deunod o gysgod gwig,
    Unawdydd anweledig.

Deuair o brolog fydd cân y cogau
I wib yr oenig ar ael y bryniau,
Rhagymadrodd i stori'r gweirgloddiau,
A rhagarweiniad i gyffro'r grynnau,
Arwydd i fab yr erwau – y dychwel
Glaw, haul ac awel i liwio'i gaeau.

Dychwel tri artist i liwio tristwch
Ei rwn diegin a'i droi yn degwch,
Wedi'r heth daw eto drwch – o feillion,
Porfeydd llymion yn werddon o harddwch.

Pan ddaw tymor gwisgo'r gwŷdd
A gwaun wyw mewn gwisg newydd,
Ei lathr braidd ar lethrau bron,
A rhwd ar aerwy eidion,
Diddig fydd bywyd iddo,
Bydd gobaith yn ei waith o.

Daw â'r aradr i aru,
I rychu dôl i'w geirch du;
Yno daw, o'i fynd a dod,
Galennig i'r gwylanod–
Bwrw haidd i nawdd ei briddyn,
Hau ei gop i'r gwenith gwyn;
A daw'n dalog â'r ogau
I rwn teg ar ddiwrnod hau.

Gwêl – gymaint ei ddisgwyliad –
Ddaear werdd wrth gladdu'r had,
A'r egin yn ŷd brigog,
Gweld aur Awst trwy glwydi'r og.

Gwêl ydgae y cynhaeaf – wrth aru,
      A thoreth y wanaf,
    A bore hau gwêl awr braf
    Gaboli'r ysgub olaf.

Y gwas a heuo gwysi – yn Ebrill,
      A wêl wobr ym Medi;
    Caiff o rwn y caeau ffri
    Y dywysen i'w deisi.

Wedi hau fe wêl ystôr,
A gobaith, mewn ysgubor,
A thw tir âr, llwythi trwm,
Yn arlwy at yr hirlwm.

A da y gŵyr y daw gwŷs
Yn yr hirlwm i'r eirlys.